DAS CUPCAKE-SET

MIT SILIKONFORM

LOVE FOOD™

LOVE FOOD ® is an imprint of Parragon Books Ltd

Einleitung: Christine France und Angela Drake
Neue Rezepte: Angela Drake
Gestaltung: Jane Bozzard-Hill
Fotografien: Clive Streeter
Food styling: Angela Drake und Teresa Goldfinch

Realisation der deutschen Ausgabe: trans texas publishing, Köln
Redaktion & Satz: Lesezeichen Verlagsdienste, Köln
Übersetzung: Wiebke Krabbe, Damlos

ISBN 978-1-4454-8853-0
Printed in China

HINWEIS

In diesem Buch werden u.a. die Maßeinheiten „Teelöffel (TL)“ und „Esslöffel (EL)“ verwendet. Ein Teelöffel entspricht 5 Millilitern, ein Esslöffel 15 Millilitern. Wenn nicht anders angegeben, gilt außerdem: Milch = Vollmilch, Eier und einzelne Gemüse haben mittlere Größe, Pfeffer = frisch gemahlener schwarzer Pfeffer.

Die Garzeiten beschreiben nur einen ungefähren Wert und können variieren, ebenso die Zubereitungszeit. Die Zubereitung von Zutaten nach Belieben, von Variationen oder Serviervorschlägen wurden nicht mit einberechnet.

Rohe oder nur leicht gegarte Eier sollten von Kindern, älteren Menschen, Schwangeren oder Kranken nicht verzehrt werden. Schwangere und stillende Mütter sollten außerdem den Verzehr von Erdnüssen und Erdnussprodukten vermeiden. Einige Rezepte in diesem Buch verwenden Fertigzutaten, die möglicherweise Nüsse oder Spuren von Nüssen enthalten, für Nussallergiker ist entsprechend Vorsicht geboten. Lesen Sie immer die Zutatenliste, bevor Sie ein Produkt verwenden.

Inhalt

Ein paar Worte vorweg

Über die Entstehung der Cupcakes gibt es zwei Theorien, und wahrscheinlich ist an beiden etwas Wahres. Früher wog man die Zutaten zum Backen nicht ab, sondern nahm eine Tasse als Messbecher. Solche Mengenangaben findet man in manchen älteren, aber auch aktuellen Backbüchern. In anderen wird vorgeschlagen, kleine Portionskuchen in Keramiktassen zu backen. Heute verwenden wir meist Bleche mit mehreren Vertiefungen, die mit kleinen Förmchen aus Papier oder Folie ausgekleidet werden.

Ganz gleich, wie sie entstanden sind: Cupcakes schmecken Süßschnäbeln jeden Alters – als Dessert, zum Nachmittagskaffee oder einfach zwischendurch. Sie sind ein prima Geschenk für liebe Freunde, die schon alles haben, und eignen sich bestens als Beitrag für ein Kuchenbuffet. Außerdem sind sie ganz unkompliziert zu backen, denn die meisten Zutaten, die Sie benötigen, haben Sie vermutlich ohnehin vorrätig. Für den Grundteig brauchen sie nur Mehl und Backpulver, Butter, Zucker und Eier.

Wer mag, gibt Schokolade oder Kakao dazu. Vielleicht mögen Sie auch Vanille oder andere Gewürze, frische oder getrocknete Früchte oder Nüsse. Garniert werden die kleinen Kuchen meist mit einer feinen Creme. Zur Verzierung sollten Sie Schokostreusel, bunte Zuckerperlen, Zucker- oder Schokoladenblümchen im Haus haben. Sie werden sehen, dass niemand den hübschen Portionskuchen widerstehen kann. Und mit der Silikonform ist auch das Backen ein Kinderspiel.

Backen mit Silikonformen

DER FLEXIBLE HELFER

In der Küche gibt es gute Neuigkeiten: Silikon. Das leichte, bunte, flexible Kunststoffmaterial lässt sich hervorragend formen und wird zur Herstellung von Backformen in allen Größen und Variationen verwendet. Gebäck gelingt darin ebenso gut wie in Formen aus Metall oder Glas. Außerdem lässt sich Silikon leicht reinigen, nimmt kaum Stauraum ein und ist nahezu unverwüstlich.

Alle zwölf Rezepte in diesem Buch können Sie in der beiliegenden Silikonbackform für Cupcakes backen. Die Form eignet sich aber auch für Muffins, Portionspasteten, Brötchen und anderes Gebäck. Oder möchten Sie darin lieber gekühlte Desserts zubereiten, vielleicht Mini-Käsesahnetörtchen, Eisbomben oder feine Cremes? Sie haben die Wahl!

Die vielseitige Form ist eine Bereicherung für die Küche, denn sie bietet viele Möglichkeiten, Neues auszuprobieren, um Familie und Freunde zu verwöhnen. Fangen Sie am besten gleich mit köstlichen Cupcakes an.

VORTEILE VON SILIKONBACKFORMEN

- Sie sind hitzebeständig bis 240 °C
- Sie sind langlebig und können nicht rosten oder verbeulen, außerdem nehmen sie Stöße und Stürze nicht übel.
- Silikonformen sind leicht und gut zu verstauen. Man kann sie zusammenfalten, rollen und in enge Lücken quetschen, ohne dass die Form leidet.
- Sie sind ofen-, tiefkühl- und mikrowellenfest, also können Sie Ihre Kuchen in ein- und derselben Form backen, einfrieren und auftauen. Auch für Eisdesserts eignen sich die Formen gut.
- Die Formen erhitzen sich schnell und geben die Wärme gleichmäßig an den Teig ab. Sie kühlen auch rasch wieder ab.
- Die glatte Oberfläche muss nur dünn (oder gar nicht) eingefettet werden. Der fertige Kuchen lässt sich leicht herauslösen, indem man die Form etwas dreht oder dehnt, bevor das Gebäck auf ein Kuchengitter oder eine Servierplatte gestürzt wird.
- Silikon ist geruchlos und nimmt keinen Geschmack an.
- Es lässt sich leicht reinigen und ist spülmaschinenfest.

BACKEN IN DER SILIKONFORM

Weil die Formen flexibel sind, müssen sie vor dem Einfüllen des Teigs immer auf ein Backblech gestellt werden. So lassen sie sich sicher hin- und hertragen.

Benutzen Sie immer Topflappen oder Ofenhandschuhe, um die heiße Form aus dem Backofen zu nehmen. Weil das Material schnell abkühlt, können Sie es etwa 10–15 Minuten später ohne Handschuhe anfassen.

Am besten lassen Sie die Cupcakes etwa 10 Minuten in der Form abkühlen, bevor Sie sie herausnehmen. Schneller geht es, wenn Sie die Form mit Ofenhandschuhen auf ein Kuchengitter schieben, sodass auch darunter Luft zirkulieren kann. Heben Sie die Form nicht an den Rändern an, sonst biegt sie sich und die noch warmen, weichen Cupcakes können brechen.

Wenn die Form etwas abgekühlt ist, nehmen Sie die Cupcakes heraus und stellen Sie sie auf ein Kuchengitter. Dazu biegen und drehen Sie die ganze Form vorsichtig, ehe sie die einzelnen Kuchen vorsichtig aus ihren Vertiefungen drücken.

PAPIERFÖRMCHEN

In allen Rezepten in diesem Buch werden die Vertiefungen der Form mit Papierförmchen ausgelegt. Sie können den Teig auch direkt in der Silikonform backen.

Verwenden Sie Papierförmchen, die gut in die Silikonform passen. Wenn die Förmchen zu klein sind, kann der Teig beim Backen über den Rand laufen.

Wenn Sie auf Papierförmchen verzichten wollen, sollten Sie die Vertiefungen der Form sehr dünn mit geschmolzener Butter oder Sonnenblumenöl einpinseln. Cupcakes, die ohne Papierformen gebacken werden, fallen nach dem Backen meist etwas kleiner aus. Wenn sie höher werden sollen, füllen Sie den Teig nur in vier Vertiefungen und backen ihn einige Minuten länger.

REINIGUNG UND AUFBEWAHRUNG

Prüfen Sie vor der Benutzung, ob die Form ganz sauber ist. Falls nötig, spülen und gründlich abtrocknen.

Nach dem Backen die Form in warmem Seifenwasser mit einem weichen Spültuch auswaschen oder in den oberen Korb der Spülmaschine geben.

Hat die Form eingebrannte Spuren, weichen Sie sie etwa 30 Minuten in warmem Seifenwasser ein. Dann können Sie die Rückstände mit einem weichen Schwamm abwischen.

Durch häufigeren Gebrauch können Verfärbungen entstehen, die sich nicht abwaschen lassen. Versuchen Sie nicht, sie mit einem Scheuerschwamm oder einem Messer abzukratzen, denn dadurch nimmt die Form Schaden.

Die saubere Form kann bei den übrigen Backutensilien verstaut werden. Sie können sie auch falten oder zusammenrollen. Weil Silikon Staub anzieht, sollten Sie die Form in einem Gefrierbeutel aufbewahren.

WICHTIGE REGELN

- Niemals Kuchen direkt in der Form mit einem scharfen Messer schneiden.
- Die Form niemals auf eine direkte Hitzequelle stellen, z. B. auf ein Kochfeld oder eine Gasflamme.
- Soll ein Kuchen in der Form eingefroren werden, müssen Form und Inhalt zuerst vollständig abgekühlt sein.
- Wenn Sie zur Garprobe einen Metallspieß verwenden, achten Sie darauf, nicht den Formboden durchzustechen.
- Sofern im Rezept nichts anderes angegeben ist, sollten die Cupcakes auf einem Kuchengitter abkühlen. Lässt man sie in der Form, kann sich zwischen dieser und den Papierförmchen Kondenswasser bilden.
- Den Backofen immer zuerst auf die angegebene Temperatur vorheizen. Im Umluftbackofen reduzieren Sie die Temperatur um 10–20 °C. Bitte beachten Sie auch die Hinweise des Herstellers.

Sommergarten-Cupcakes

Ergibt 6 Stück
100 g weiche Butter
100 g Zucker
1 TL Rosenwasser
2 Eier, leicht verquirlt
100 g Mehl
1 TL Backpulver

GARNIERUNG
Puderzucker, zum Bestäuben
100 g rosafarbene Fondantmasse, Fertigprodukt
70 g weiße Fondantmasse, Fertigprodukt
70 g blaue Fondantmasse, Fertigprodukt
gelbe Zuckerschrift (Tube)

BUTTERCREME
150 g weiche Butter
4 EL Schlagsahne extra
300 g Puderzucker
grüne Lebensmittelfarbe (Paste)

DEN BACKOFEN auf 180 °C vorheizen. Die Silikon-Cupcake-Form auf ein Backblech stellen und die 6 Vertiefungen mit Papierförmchen auslegen.

BUTTER, ZUCKER und Rosenwasser in einer Schüssel schaumig schlagen. Die Eier nach und nach unterrühren. Mehl und Backpulver darübersieben und mit einem Metalllöffel vorsichtig unterheben.

DEN TEIG in die Papierförmchen füllen. Im vorgeheizten Backofen 20–25 Minuten backen, bis der Teig aufgegangen und hellbraun ist und auf Fingerdruck leicht nachgibt. Die Cupcakes in der Form 10 Minuten abkühlen lassen, dann auf einem Kuchengitter ganz abkühlen lassen.

DIE ARBEITSFLÄCHE dünn mit Puderzucker bestreuen. Die rosafarbene Fondantmasse darauf 5 mm dick ausrollen. Mit einem Förmchen 12 kleine Schmetterlinge ausstechen. Die blaue und weiße Fondantmasse ebenso ausrollen und kleine Blumen ausstechen. Falls nötig, Fondantreste kneten und erneut ausrollen. Mit gelber Zuckerschrift Punkte in jede Blütenmitte setzen.

FÜR DIE CREME die Butter in einer Schüssel mit einem Handrührgerät 2–3 Minuten schaumig aufschlagen. Die Sahne unterrühren, dann portionsweise den Puderzucker darübersieben. Weitere 2–3 Minuten schaumig schlagen. Die Creme mit Lebensmittelfarbe hellgrün einfärben. Mit einem Spritzbeutel mit großer Sterntülle auf jeden Cupcake etwas Creme spritzen. Mit den Schmetterlingen und Blumen garnieren.

Kopfsteinpflaster-Cupcakes

Ergibt 6 Stück
1 EL Kakaopulver
1 EL heißes Wasser
50 g weiche Butter
50 g Zucker
1 Ei (Größe L), leicht verquirlt
50 g Mehl
½ TL Backpulver

BELAG
1 EL gehackte Nüsse
50 g Vollmilch- oder Zartbitterschokolade, geschmolzen
50 g Mini-Marshmallows
20 g Belegkirschen, gehackt

DEN BACKOFEN auf 180 °C vorheizen. Die Silikon-Cupcake-Form auf ein Backblech stellen und die 6 Vertiefungen mit Papierförmchen auslegen.

DAS KAKAOPULVER mit dem heißen Wasser anrühren und beiseitestellen. Butter und Zucker in einer Schüssel schaumig rühren. Das Ei unterrühren, danach die Kakaomischung zugeben. Mehl und Backpulver darübersieben und mit einem Metalllöffel vorsichtig unterheben.

DEN TEIG in die Papierförmchen füllen. Im vorgeheizten Backofen 20 Minuten backen, bis der Teig aufgegangen und leicht gebräunt ist und auf Fingerdruck etwas nachgibt. Die Cupcakes in der Form 10 Minuten abkühlen lassen, dann auf einem Kuchengitter ganz abkühlen lassen.

FÜR DEN BELAG die Nüsse in die geschmolzene Schokolade rühren. Etwas von der Mischung auf jeden Cupcake streichen. Marshmallows und Belegkirschen unter die restliche Schokoladenmischung rühren und auf den Cupcakes verteilen. Fest werden lassen.

Eisbecher-Cupcakes

Ergibt 6 Stück

120 g weiche Butter
120 g Zucker
½ Tütchen Vanillezucker
2 Eier, leicht verquirlt
100 g Mehl
1 TL Backpulver
25 g gemahlene Mandeln

BUTTERCREME

175 g weiche Butter
1 EL Sahne oder Milch
300 g Puderzucker

ZUM GARNIEREN

6 Stücke Borkenschokolade
1 EL bunte Zuckerperlen

DEN BACKOFEN auf 180 °C vorheizen. Die Silikon-Cupcake-Form auf ein Backblech stellen und die 6 Vertiefungen mit Papierförmchen auslegen.

BUTTER, ZUCKER und Vanillezucker in einer Schüssel schaumig schlagen. Die Eier nach und nach unterrühren. Mehl und Backpulver darübersieben, Mandeln zugeben und alles mit einem Metalllöffel vorsichtig unterheben.

DEN TEIG in die Papierförmchen füllen. Im vorgeheizten Backofen 25–30 Minuten backen, bis der Teig aufgegangen und hellbraun ist und auf Fingerdruck leicht nachgibt. Die Cupcakes in der Form 10 Minuten abkühlen lassen, dann auf einem Kuchengitter ganz abkühlen lassen.

FÜR DIE CREME die Butter in einer Schüssel mit einem Handrührgerät cremig aufschlagen. Die Sahne unterheben, dann portionsweise den Puderzucker darübersieben. Die Creme weitere 2–3 Minuten schaumig rühren.

DIE CREME mit einem Spritzbeutel mit großer Sterntülle wie Softeis auf die Cupcakes spritzen. In jede Cremehaube ein Stück Borkenschokolade stecken und alles mit bunten Zuckerperlen bestreuen.

Karamell-Cupcakes mit Rosinen

Ergibt 6 Stück

- 70 g weiche Karamellbonbons, in Stücke geschnitten
- 1 EL Milch
- 70 g weiche Butter
- 25 g hellbrauner Zucker
- 1 Ei, leicht verquirlt
- 80 g Mehl
- ½ TL Backpulver
- 20 g Rosinen

DEN BACKOFEN auf 190 °C vorheizen. Die Silikon-Cupcake-Form auf ein Backblech stellen und die 6 Vertiefungen mit Papierförmchen auslegen.

DIE HÄLFTE DER KARAMELLBONBONS mit der Milch in eine hitzefeste Schüssel geben. Diese im Wasserbad erhitzen und die Karamellbonbons schmelzen lassen. Vom Herd nehmen und glatt rühren. 10 Minuten abkühlen lassen.

BUTTER UND BRAUNEN ZUCKER in einer Schüssel schaumig schlagen. Langsam das Ei unterrühren. Mehl und Backpulver darübersieben und zusammen mit den Rosinen mit einem Metalllöffel vorsichtig unterheben. Die Karamellmilch unterrühren.

DEN TEIG in die Papierförmchen füllen. Die restlichen Karamellbonbons darüberstreuen. Im vorgeheizten Backofen 15–20 Minuten backen, bis der Teig aufgegangen ist und auf Fingerdruck leicht nachgibt. Die Cupcakes in der Form 10 Minuten abkühlen lassen, dann auf einem Kuchengitter ganz abkühlen lassen.

Schokofondant-Cupcakes

Ergibt 6 Stück
70 g Mehl
1 TL Backpulver
1 EL Kakaopulver
70 g weiche Butter
70 g Zucker
1 Ei, leicht verquirlt
1 EL Milch
40 g Zartbitterschokolade
Puderzucker, zum Bestäuben

DEN BACKOFEN auf 190 °C vorheizen. Die Silikon-Cupcake-Form auf ein Backblech stellen und die 6 Vertiefungen mit Papierförmchen auslegen.

MEHL, BACKPULVER und Kakaopulver in eine Schüssel sieben. Butter, Zucker, Ei und Milch zugeben und alles mit einem Handrührgerät zu einem glatten Teig verrühren.

DIE HÄLFTE DES TEIGS in die Papierförmchen füllen. Jeweils in die Mitte mit einem Teelöffel eine Vertiefung drücken. Die Schokolade in sechs gleich große Stücke teilen und in die Vertiefungen legen. Den restlichen Teig darauf verteilen.

IM VORGEHEIZTEN BACKOFEN 20 Minuten backen, bis der Teig aufgegangen ist und auf Fingerdruck leicht nachgibt. Die Cupcakes in der Form 10 Minuten abkühlen lassen, dann mit Puderzucker bestäuben und warm servieren.

Brownie-Cupcakes

Ergibt 6 Stück

120 g Zartbitterschokolade, in Stücke gebrochen
40 g weiche Butter
1 Ei (Größe L), leicht verquirlt
100 g brauner Rohrzucker
½ Tütchen Vanillezucker
70 g Mehl
40 g Walnüsse, gehackt

DEN BACKOFEN auf 180 °C vorheizen. Die Silikon-Cupcake-Form auf ein Backblech stellen und die 6 Vertiefungen mit Papierförmchen auslegen.

SCHOKOLADE UND BUTTER in einer hitzebeständigen Schüssel im Wasserbad schmelzen. Vom Herd nehmen und glatt rühren. Etwas abkühlen lassen.

EI UND BRAUNEN ZUCKER in einer Schüssel verrühren, dann den Vanillezucker zufügen. Das Mehl darübersieben und vorsichtig unterheben. Die geschmolzene Schokoladenmischung gleichmäßig einrühren. Die gehackten Walnüsse untermischen.

DEN TEIG in die Papierförmchen füllen. Im vorgeheizten Backofen 25–30 Minuten backen, bis der Teig aufgegangen ist und auf Fingerdruck leicht nachgibt. Die Cupcakes in der Form 10 Minuten abkühlen lassen, dann auf einem Kuchengitter ganz abkühlen lassen.

Stracciatella-Cupcakes

Ergibt 6 Stück

70 g Mehl

1 TL Backpulver

70 g weiche Butter

70 g Zucker

1 Ei (Größe L), leicht verquirlt

50 g Zartbitterschokoladentropfen

DEN BACKOFEN auf 190 °C vorheizen. Die Silikon-Cupcake-Form auf ein Backblech stellen und die 6 Vertiefungen mit Papierförmchen auslegen.

MEHL UND BACKPULVER in eine Schüssel sieben. Butter, Zucker und Ei zufügen und alles mit einem Handrührgerät zu einem glatten Teig verrühren. Die Schokoladentropfen unterheben.

DEN TEIG in die Papierförmchen füllen. Im vorgeheizten Backofen 15–20 Minuten backen, bis der Teig aufgegangen ist und auf Fingerdruck leicht nachgibt. Die Cupcakes in der Form 10 Minuten abkühlen lassen, dann auf einem Kuchengitter ganz abkühlen lassen.

Himbeer-Mandel-Cupcakes

Ergibt 6 Stück

50 g weiche Butter
50 g Zucker
3 Tropfen Bittermandelaroma
1 Ei (Größe L), leicht verquirlt
50 g Mehl
1/2 TL Backpulver
20 g gemahlene Mandeln
50 g frische Himbeeren
2 EL Mandelblättchen
Puderzucker, zum Bestäuben

DEN BACKOFEN auf 180 °C vorheizen. Die Silikon-Cupcake-Form auf ein Backblech stellen und die 6 Vertiefungen mit Papierförmchen auslegen.

BUTTER, ZUCKER und Bittermandelaroma in einer Schüssel schaumig schlagen. Langsam das Ei unterrühren. Mehl und Backpulver darübersieben und zusammen mit den Mandeln mit einem Metalllöffel vorsichtig unterheben. Danach die Himbeeren unterheben.

DEN TEIG in die Papierförmchen füllen. Mit den Mandelblättchen bestreuen. Im vorgeheizten Backofen 25–30 Minuten backen, bis der Teig aufgegangen ist und auf Fingerdruck leicht nachgibt. Die Cupcakes in der Form 10 Minuten abkühlen lassen, dann auf einem Kuchengitter ganz abkühlen lassen. Mit Puderzucker bestäuben.

Buttercreme-Cupcakes

Ergibt 6 Stück

100 g Mehl
1 TL Natron
1/2 TL gemahlener Zimt
70 g hellbrauner Zucker
1 Ei, leicht verquirlt
50 ml Sonnenblumenöl
1/2 reife Banane (ca. 70 g), geschält und zerdrückt
1 Ananasscheibe aus der Dose, abgetropft und fein gehackt
20 g Pekannüsse, fein gehackt
6 Pekannusshälften, zum Garnieren

BUTTERCREME

70 g Sahnequark
50 g weiche Butter
1/2 Tütchen Vanillezucker
125 g Puderzucker

DEN BACKOFEN auf 180 °C vorheizen. Die Silikon-Cupcake-Form auf ein Backblech stellen und die 6 Vertiefungen mit Papierförmchen auslegen.

MEHL, NATRON und Zimt in eine Schüssel sieben. Den braunen Zucker untermischen. Ei, Öl, Banane, Ananas und gehackte Pekannüsse zufügen und alles gründlich verrühren.

DEN TEIG in die Papierförmchen füllen. Im vorgeheizten Backofen 15–20 Minuten backen, bis der Teig aufgegangen und hellbraun ist und auf Fingerdruck leicht nachgibt. Die Cupcakes in der Form 10 Minuten abkühlen lassen, dann auf einem Kuchengitter ganz abkühlen lassen.

FÜR DIE CREME Quark, Butter und Vanillezucker in einer Schüssel mit einem Teigschaber verrühren. Den Puderzucker darübersieben und gründlich unterrühren.

DIE CREME in einen Spritzbeutel mit mittelgroßer Sterntülle geben und im Wellenlinienmuster auf die Oberflächen der Cupcakes spritzen. Mit den Pekannusshälften garnieren.

Macadamia-Cupcakes mit Ahornsirup

Ergibt 6 Stück

75 g weiche Butter
50 g hellbrauner Zucker
1 EL Ahornsirup
1 Ei, leicht verquirlt
75 g Mehl
1/2 EL Backpulver
40 g Macadamianüsse, gehackt
1 EL Milch
1 EL leicht geröstete Macadamianüsse, gehackt, zum Garnieren

BUTTERCREME

25 g weiche Butter
1 EL Ahornsirup
50 g Puderzucker
40 g Sahnequark

DEN BACKOFEN auf 190 °C vorheizen. Die Silikon-Cupcake-Form auf ein Backblech stellen und die 6 Vertiefungen mit Papierförmchen auslegen.

BUTTER, BRAUNEN ZUCKER und Ahornsirup in einer Schüssel schaumig schlagen. Langsam das Ei unterrühren. Mehl und Backpulver darübersieben, gehackte Nüsse und Milch zufügen und alles mit einem Metalllöffel vorsichtig unterheben.

DEN TEIG in die Papierförmchen füllen. Im vorgeheizten Backofen 20 Minuten backen, bis der Teig aufgegangen ist und auf Fingerdruck leicht nachgibt. Die Cupcakes in der Form 10 Minuten abkühlen lassen, dann auf einem Kuchengitter ganz abkühlen lassen.

FÜR DIE CREME Butter und Ahornsirup in einer Schüssel glatt rühren. Den Puderzucker darübersieben und gründlich unterrühren. Den Quark zufügen und alles cremig rühren. Auf die Cupcakes streichen und mit den gerösteten Nüssen garnieren.

Verführerische Mandel-Cupcakes

Ergibt 6 Stück
50 g weiche Butter
50 g Zucker
1 Ei, leicht verquirlt
3 Tropfen Bittermandelaroma
2 EL Sahne
100 g Mehl
1 TL Backpulver
25 g gemahlene Mandeln
1 EL Milch
geröstete Mandelblättchen, zum Garnieren

BUTTERCREME
50 g weiche Butter
120 g Puderzucker
2 Tropfen Bittermandelaroma

DEN BACKOFEN auf 180 °C vorheizen. Die Silikon-Cupcake-Form auf ein Backblech stellen und die 6 Vertiefungen mit Papierförmchen auslegen.

BUTTER UND ZUCKER in einer Schüssel schaumig schlagen. Langsam das Ei unterrühren, dann Bittermandelaroma und Sahne zufügen. Mehl und Backpulver darübersieben und zusammen mit gemahlenen Mandeln und Milch mit einem Metalllöffel unterheben.

DEN TEIG in die Papierförmchen füllen. Im vorgeheizten Backofen 20–25 Minuten backen, bis der Teig aufgegangen ist und auf Fingerdruck leicht nachgibt. Die Cupcakes in der Form 10 Minuten abkühlen lassen, dann auf einem Kuchengitter ganz abkühlen lassen.

FÜR DIE CREME die Butter in einer großen Schüssel cremig rühren. Den Puderzucker darübersieben, das Bittermandelaroma zufügen und alles glatt rühren. Die Creme auf die Cupcakes streichen und mit Mandelblättchen garnieren.

Happy-Birthday-Cupcakes

Ergibt 6 Stück
75 g Mehl
½ TL Backpulver
75 g weiche Butter
75 g Zucker
1 Ei (Größe L), leicht verquirlt

BUTTERCREME
50 g weiche Butter
120 g Puderzucker

ZUM DEKORIEREN
Zuckerperlen oder -blümchen
Kerzen und Kerzenhalter
(nach Belieben)

DEN BACKOFEN auf 180 °C vorheizen. Die Silikon-Cupcake-Form auf ein Backblech stellen und die 6 Vertiefungen mit Papierförmchen auslegen.

MEHL UND BACKPULVER in eine Schüssel sieben. Butter, Zucker und Ei zufügen und alles mit einem Handrührgerät zu einem glatten Teig verrühren.

DEN TEIG in die Papierförmchen füllen. Im vorgeheizten Backofen 15–20 Minuten backen, bis der Teig aufgegangen ist und auf Fingerdruck leicht nachgibt. Die Cupcakes in der Form 10 Minuten abkühlen lassen, dann auf einem Kuchengitter ganz abkühlen lassen.

FÜR DIE CREME die Butter in einer Schüssel schaumig schlagen. Den Puderzucker darübersieben und glatt rühren.

DIE CUPCAKES mit der Creme bestreichen, mit Zuckerperlen und -blümchen garnieren. Nach Belieben in jeden Cupcake einen Kerzenhalter mit einer kleinen Kerze stecken.